PLAN DE JUEGO DE HELIOSAKI 2016

Por

Helio Laguna

Título: Plan de Juego de Heliosaki 2016

© 2015, Helio Laguna. Todos los derechos reservados

© De los textos: Helio Laguna

Ilustración de portada: Alberto "Betoshop" González

Edición: Sento Lorente

1ª edición

¡¡IMPORTANTE!!

No tienes los derechos de Reproducción o Reventa de este Producto.

Este Ebook tiene © Todos los Derechos Reservados.

Antes de venderlo, publicarlo en parte o en su totalidad, modificarlo o distribuirlo de cualquier forma, te recomiendo que consultes al autor.

Es la manera más sencilla de evitarte sorpresas desagradables que a nadie gustan.

El autor no puede garantizarte que, los resultados obtenidos por él mismo al aplicar las técnicas aquí descritas, vayan a ser los tuyos.

Básicamente por dos motivos:

1. Sólo tú sabes qué porcentaje de implicación aplicarás para implementar lo aprendido (a más implementación – más resultados).

2. Aunque aplicaras en la misma medida que él, tampoco es garantía de obtención de las mismas ganancias, ya que, incluso podrías obtener más, dependiendo de tus habilidades para desarrollar nuevas técnicas a partir de las aquí descritas.

Aunque se han tomado todas las precauciones para verificar la exactitud de la información contenida en el presente documento, el autor y el editor no asumen ninguna responsabilidad por cualquier error u omisión. No se asume responsabilidad por daños que puedan resultar del uso de la información que contiene.

Así pues, buen trabajo y mejores Éxitos.

Tabla de Contenidos

Introducción

Lección # 1: Ofertas Auto liquidables

Lección # 2: Campañas de Generación de Prospectos en Facebook

Lección # 3: Ventas de Alto Valor

Lección # 4: Los Eventos Presenciales

Lección # 5: Los Shows en Internet

Lección # 6: Los Webinars

Lección # 7: Página de Fans Productiva

Lección # 8: Email Marketing

Lección # 9: WhatsApp Marketing

Lección # 11: Escribe Tu Libro

Lección # 12: Crea Tu Propio Infoproducto

Conclusión

Introducción

Bienvenido/a a "**El Plan de Juego de Heliosaki 2016**", el plan para lograr resultados en este 2016.

Estoy muy contento de que tengas este ejemplar en tus manos, será la guía para que esté 2016 logres resultados en los negocios por internet SI o Si.

Este plan contiene 12 estrategias de negocios que sé que te darán resultados <u>si los implementas</u> en este 2016.

Lo sé por dos razones muy poderosas.

a) Me dieron resultados masivos en el 2015.
b) Las estrategias son aún vigentes para el 2016. De hecho algo mejor, algunas de ellas comencé a adoptarlas de manera temprana y comprobé, al término del año, que serán tendencia en el 2016.

De otra forma no serían parte del plan de juego 2016.

Confía en mí, cada una de estas estrategias por sí solo puede darte los ingresos para tu libertad financiera.

Como siempre, **<u>si los implementas</u>**. Aprender las estrategias no te servirán de nada si no tomas acción, eso ya lo sabes.

Hay algo más que quiero aclararte.

Algunas de las estrategias te parecerán quizá muy "sencillas", algunas otras dirás, "eso ya lo sé", la pregunta es, ¿las estás aplicando?

Te pido que confíes en mí, las estrategias que encontrarás en este plan de juego funcionan, por más sencillas que parezcan, por más que ya las sepas, solo confía en mí e impleméntalas.

Toma **Acción Masiva Imperfecta™** con ellas. La perfección sigue a la acción, no al revés.

Otra aclaración. Como en todo, <u>nada es gratis</u>.

Si bien algunas de las estrategias las podrás implementar con recursos gratuitos, algunas otras requerirán de algún software o servicio para lograr el resultado.

Te pido que confíes en mí y que adquieras con total confianza los recursos que te recomendaría. Nunca, nunca, nunca te recomendaría algo que no funciona solo por ganarme una comisión, no es mi estilo. Tampoco te recomendaría algún producto de alguien solo por devolverle el favor a algún marketero, salí de ese juego hace años.

Lo que te recomiende aquí son productos que yo mismo tengo como parte de mi estrategia, que los utilizo a diario, y con los que tendrás completa libertad para preguntarme sobre cómo utilizarlos.

Considera este plan de juego como tu guía de cabecera.

Si decido subirlo en formato físico a Amazon no dudes en comprarlo en ese formato, si no, imprímelo, tenlo a la mano, úsalo como tu lista de chequeo de lo que hay que enfocarse cada día de tu vida.

Prométeme que implementarás este plan de juego.

Es el tercer plan que realizo. Si, hubo un plan de juego 2014 y un 2015.

Estoy seguro que los que siguieron los planes anteriores lograron resultados masivos. Este tercer plan tiene también eso, la experiencia de 2 planes anteriores. Mis planes anteriores fueron exactos, y este tercer plan no es la excepción.

Te envidio un poco por tener esta guía en tus manos. Nadie me dio una cuando inicie en los negocios por internet.

Disfrútala y lograr resultados masivos este 2016.

Heliosaki "plan de juego" Laguna

Lección # 1: Ofertas Auto liquidables

Iniciamos con el Plan de Juego de Heliosaki 2016.

Lección # 1: Ofertas Auto liquidables.

En todos tus esfuerzos de marketing, **coloca siempre una oferta de autoliquidación**, piensa, una oferta para financiar (liquidar o pagar) tus costos de marketing.

Puedes poner una oferta Auto liquidable después de todo registro.

Después de que se registren para descargar una "carnada".

Después de que se registren a un Webinar (aquí un ejemplo, http://heliosaki.agendacita.com/estas-registrado/).

Después de que se registren para lo que sea.

Esa es la primera lección, **no hagas una página de descarga sin una oferta Auto liquidable**.

Te permitirá tener una lista gratuita de suscriptores.

Recientemente el tío Frank (Frank Kern) sacó al mercado un programa llamado **"Ultimate Webinar Blueprint"**, un programa donde explica el modelo de negocios con webinarios (algo que encontrarás más adelante en esta guía).

Uno de los puntos fuertes de su programa (además de sus estrategias de "indoctrinación" para elevar los porcentajes de personas que se presenten al webinar, es, lo referente a las ofertas auto liquidables.

Las coloca de manera encubierta en un "tutorial" después del registro a sus webinarios.

Quizás estés pensando en este momento, esto no es algo nuevo, esto ya lo había leído, ya lo sabía, la pregunta que tengo para ti es, ¿todos tus embudos tienen una oferta auto liquidable en estos momentos?

Si no es así, es momento de ir a colocar diligentemente una oferta auto liquidable en cada uno de tus embudos, y asegurarte que el siguiente embudo que hagas, la siguiente página de captura que hagas, de cualquier cosa, ya sea con tráfico pagado o tráfico que tú poseas tenga una oferta auto liquidable.

Prométeme que lo harás. ¿Lo prometes?

Lección # 2: Campañas de Generación de Prospectos en Facebook

Esta novedad ha **captado toda mi atención**, de esas cosas que te hacen abrir bien los ojos.

Es serio, me parece una innovación dentro de la publicidad en Facebook que estoy seguro marcará un antes y un después en este 2016.

Algo que desde mi punto de vista incidirá **muy positivamente en las conversiones de los anuncios**, sobre todo en los anuncios móviles.

Un par de clics y tendrás el correo electrónico de las personas.

¿Increíble no?

¿Qué es y cómo funciona?

Creo que no te descubro nada si te digo que Facebook Ads es

una máquina de captar leads, de hecho **esta es la mejor estrategia que puedes implementar**.

Una estrategia basada en la captación de personas interesadas en tu producto/negocio/servicio a las cuales introduces en tu **embudo de ventas,** y tras esto... ¡conversión!

¿Qué elementos necesitamos para esto?

Entre otros: **una lista de correos y una página de aterrizaje** donde el futuro cliente nos deje sus datos. Y aquí viene muchas veces el problema: Landing Pages mal hechas, demasiados campos que rellenar, no orientadas a convertir.

Justo donde quiero llegar, Facebook ha comenzado con las pruebas de una nueva funcionalidad que **disparará las conversiones**, ahorrará tiempo y dinero a los anunciantes y simplificará el proceso:

https://www.facebook.com/business/news/lead-ads

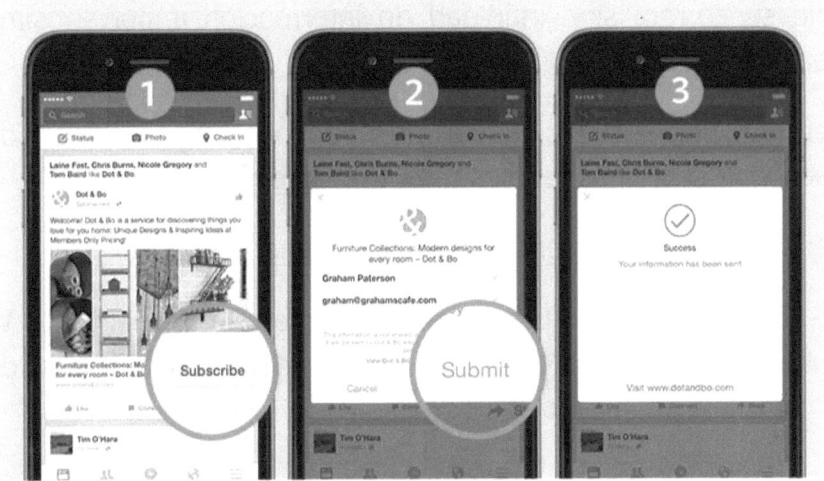

Gracias a la información que Facebook **ya tiene de los usuarios** de su red social, este será el proceso de este nuevo tipo de anuncios:

1. El usuario hace clic en el botón de suscribir, cuando tenga interés en la oferta.
2. El segundo paso es de confirmación de datos, con un botón de enviar.
3. Correcto, los datos del futuro cliente han sido enviados al anunciante. **¡Y YA ESTÁ, más rápido, más sencillo, seguramente más eficaz!**

Ahora bien hay algo que quiero aclararte antes de que eches las campanas al vuelo e hipoteques tu casa para invertirlo en publicidad.

<u>Tus suscriptores no se cargan directamente en tu autorespondedor, sino en tu cuenta de Facebook.</u>

De ahí los tendrás que descargar e importar a tu autorespondedor, el cual a veces se pone pesado y no te deja importarlos (recientemente Aweber me rechazo la importación de 2,000 prospectos que habían dejado voluntariamente no solo su correo, sino infinidad de información importantísima para mi negocio).

Así que, el sistema actual de "Facebook Leads Ads" de Facebook si bien es fabuloso, **es imperfecto.**

Pero hace unos días encontré la solución a este problema.

Se trata de un software que importa directamente a tu autorespondedor los prospectos que consigues por medio de la campaña de Facebook.

Su nombre, "Connect Leads".

Es un software que recaba tus suscriptores al instante.

En cuanto el prospecto es capturado en Facebook se dispara tu primer email de seguimiento desde tu autorespondedor.

Sin necesidad de descargar los prospectos.

Sin necesidad de importarlos a tu autorespondedor.

Sin necesidad de configurar nada ni ningún paso extra.

Anuncio – Click en tu anuncio – Email disparado

Brillante...

Y hoy tienes la gran oportunidad de comprar este bebe a un precio de descuento.

Atención que aquí viene mi oferta Auto liquidable...

(Si es que esta fuera una página de descarga, que originalmente lo fue :)

Además, recibirás como bono *Tweet Lead*:

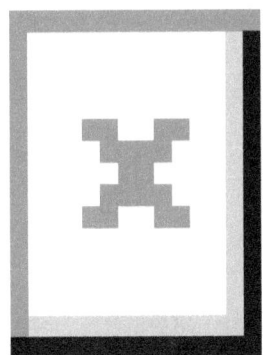

Lo que hace Tweet Lead es lo mismo que Connect Leads pero dentro de un "*Tweet*".

<u>Para que tengas lo mejor de ambos mundos.</u>

Recabar suscriptores en Facebook y en Twitter (los dos grandes monstruos) con un solo click.

Se trata de un 2 por el precio de 1.

Que loco.

Eso solo con Heliosaki lo encontrarás.

Te dejo una imagen dinámica del bono que recibirás, el software para recabar suscriptores en Twitter con un solo clic.

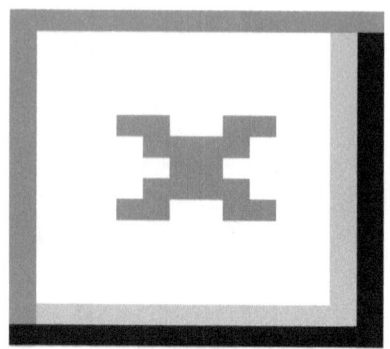

Recibirás obviamente entrenamiento sobre cómo hacer las campañas y los tutoriales completamente en español.

Solo envíame el ticket de tu compra a: heliolagunae@gmail.com

¡Espera Heliosaki!

¿Qué haré con los suscriptores una vez que estén en mi autorespondedor? No se enviar emails como tú.

Buen punto kimosabi, recibirás también entonces mi programa de coaching "Email Masters", valuado en 297 dólares.

Y un bonosaki más...

Presta atención.

"Email Ninja" un software que saque al mercado hace tiempo,

te permite recabar suscriptores que ya están en un autorespondedor, con solo un clic.

Puedes copiar suscriptores de una lista a otra con un clic o de un autorespondedor a otro con un clic.

Lo que te hace evitar las páginas de captura y tener 100% de tasa de registro con suscriptores.

En resumen esto es lo que recibirás:

1. Software Connect Leads, para recabar suscriptores directamente desde tu anuncio de Facebook
2. Software Tweet Lead, para recabar suscriptores en tus "tweets"
3. Tutoriales en español de Connect Leads
4. Programa de Coaching de email marketing "Email Masters", para lograr ganancias monstruosas con pequeñas listas de correo
5. Software "Email Ninja", para recabar suscriptores con un click

Puedes ir a http://bit.ly/1HLhxFl

para comprar Connect Leads<<<

Lección # 3: Ventas de Alto Valor

¿Leíste las primeras dos lecciones?

No te estarás saltando ninguna ¿cierto?

Todas tienen un orden específico por alguna razón.

Repasemos un poco, vimos...

Ofertas Auto liquidables y campañas de prospectos en Facebook (FB Leads Ads).

Dos cosas en las que te deberías enfocar en este 2016.

Asegúrate de integrar ofertas auto liquidables en todos tus embudos y a construir una lista de suscriptores con Facebook Leads Ads.

Ahora, en qué otra cosa enfocarte este 2016?

Fue algo que lleve al límite en el 2105.

Cree un negocio que facturó más de dos millones de dólares en el año.

Y una utilidad personal cercana a los 500,000 dólares (medio millón de dólares).

Tan solo en un mes genere 68,000 dólares con este sistema.

Ventas de alto valor.

Venta de Coaching o consultoría a precios elevados.

Puede ser individual o grupal.

Pero antes...

¿Qué es alto valor? ¿Cuánto cobrar?

En definitiva no es cobrar 97 dólares la hora.

Es valuar una hora de tu tiempo en 500, 1,000 dólares o más.

La interrogante que seguramente cruza ahora por tu mente es ¿cómo hacerlo?

¿Cómo valuar tu tiempo a un precio tan elevado?

La respuesta está en lo que denomino "**Los Niveles de ayuda**".

Hay 3 tipos diferentes de ayuda que se vende en el mundo, en términos de ayudar a las personas a generar resultados.

Nivel #3 "Sólo lee el manual"

Comencemos con el aspecto menos deseable que podríamos ofrecer a las personas y que, irónicamente, es lo que todo mundo trata de vender.

Ese es el peldaño número 3 el de la parte inferior y lo llamo: "*Sólo Lee el Manual*".

Este es el equivalente a una persona que no sabe cómo programar su videograbadora.

Digamos que quieres saber cómo grabar tu serie favorita y piensas, "*Si tan sólo supiera cómo programar mi videograbadora... sería de gran utilidad*".

Y alguien te dice, "*Oye, déjame darte este manual del usuario de 9000 páginas. Léelo y aprenderás a programar tu videograbadora. Buena suerte, aquí tienes tu manual por tan sólo 97 $ o lo que sea que cueste*"

<u>Esa es la última cosa que alguien quiere.</u>

Pero eso es lo que la mayoría de la gente quiere vender y ves cómo se venden los productos y todos los lanzamientos que se hacen y toda esta parafernalia que tienen que usar para vender, es decir las tácticas de venta que presionan al cliente, simplemente porque están vendiendo cosas que la gente no quiere.

Pero irónicamente, la gente sigue comprando porque no tienen muchas alternativas.

<u>Nivel #2 "Muéstrame Cómo Hacerlo Bien"</u>

Hablemos ahora del nivel #2.

Este está un peldaño más arriba, es un gran paso, es el "*Muéstrame Cómo Hacerlo bien*".

Esta vez, en lugar de que tu amigo diga, "*Bueno, aquí tienes el manual, buena suerte*", te dice algo más...

"*Si quieres aprender a programar tu videograbadora no hay problema, déjame mostrarte cómo se hace*".

Mira, ¿ves ese botón de ahí, en tu control remoto? Presiónalo.

¡Perfecto!

Ahora observa donde dice "elegir show", exacto, ahí mismo.

Haz click en ese botón y ahora eliges el programa de tu preferencia.

Finalmente, ya que elegiste tu programa, selecciona la opción "grabar" y listo, eso es todo lo que tienes que hacer".

Como ves, tener a alguien que te guíe en el proceso y no sólo alguien que te entregue el manual y te desee buena suerte, resulta mucho más deseable.

Esto es mucho más sencillo de vender, exponencialmente.

Nivel #1 "Hazlo por Mí"

Ahora veamos el peldaño número 1, "Hazlo por Mí".

En algunos casos, no en todos, lo más deseable es que tu amigo programe la videograbadora por ti para que tú no tengas que lidiar con eso.

Por supuesto esta es la venta más sencilla.

En algunos casos, el peldaño dos es más deseable que el peldaño uno, pero cuando estás operando desde esta perspectiva, este tercer peldaño es lo más deseable.

En mi negocio, lo que hago es mostrarles a mis clientes cómo lograr resultados en múltiples fuentes de ingreso.

Ese es el nivel de ayuda #2, ahí estoy yo guiándolos cómo hacerlo.

Ocasionalmente también hago el nivel de ayuda #1 y hago algunas cosas por ellos.

Por ejemplo, digamos que les estamos enseñando a escribir su libro y hacer que este sea Best Seller en Amazon...

A veces me lo envían, un editor pagado por mí lo revisa y edita.

Un diseñador nuestro les hace su portada, se lo devuelvo y les digo, "*está listo, súbelo a Amazon y lo hacemos Best Seller*".

Pero a veces no logran subirlo y les digo, "*está bien, yo lo subo por ti*".

Este es el nivel de ayuda #1 pues en realidad estoy haciendo el trabajo por ellos.

En el ambiente de la consultoría, esta es la cúspide del deseo, porque les estoy ayudando a tener los resultados que buscan rápidamente y al mismo tiempo, estoy haciendo parte del trabajo, aun cuando los estoy educando para que se sientan con la capacidad de hacerlo por sí mismos, pues de lo contrario no serán independientes nunca. Por lo que esto es lo más sencillo.

Afortunadamente, muy pocas personas lo ofrecen, pues están muy ocupados vendiendo el manual que, en primera instancia, ni siquiera es lo que los clientes quieren.

Vamos ahora a los dos tipos de consultoría que puedes vender, individual o grupal.

La fórmula para la venta de consultoría individual.

1. Determina tu cifra de estilo de vida ideal

2. Determina cuántas horas quieres trabajar al mes

3. Determina cuántos clientes puedes tener.

4. Divide tu cifra de estilo de vida ideal entre el número de clientes que puedes atender.

Ejemplo:

Paso 1. Determina tu cifra de estilo de vida ideal: Digamos que quieres ganar 10,000 dólares al mes.

Paso 2. Determina cuántas horas quieres trabajar al mes: Digamos que solo quieres trabajar dos horas cada día, lo que nos da 10 horas a la semana y 40 horas al mes.

3. Determina cuántos clientes puedes tener: Digamos que decides verte con un cliente 2 veces al mes y dedicarle 2 horas de tu tiempo, así que cada cliente te demandará 4 horas de tu tiempo, si tienes 40 horas disponibles, divides 40 entre 4 y nos da 10, tienes 10 espacios para clientes.

4. Divide tu cifra de estilo de vida ideal entre el número de clientes que puedes atender: Tu cifra de estilo de vida ideal es de 10,000 dólares al mes, y puedes tener 10 clientes, así que dividirlas 10,000 entre 10, lo que nos da 1,000, cobrarías 1,000 dólares por cliente.

Sencillo ¿no?

Venta de Coaching grupal

El coaching grupal es otro monstruo distinto.

No se trata de ver a tu cliente uno a uno, sino reunirlos en grupo.

Digamos que cada semana para no abrumarlos te reúnes con todos, y les dedicas solo las 2 horas de tu tiempo pero a todo el grupo, no a una sola persona.

Este modelo es mucho más rentable.

Digamos que cobras los mismos 1,000 dólares por las mismas 10 personas, pero solo te reúnes 2 horas con ellos por semana, lo que nos da 8 horas al mes.

Con 8 horas en lugar de 40 estarías ganando lo mismo.

Ahora viene la parte buena, ya vimos porque si podemos cobrar a altos precios (los niveles de ayuda), cómo diseñar nuestro programa, ahora viene lo bueno, donde todo el mundo fracasa, como vender este bebe.

Irónicamente, vender a altos precios es más sencillo que vender a precios bajos.

El embudo para vender a precios más elevados es más sencillo que los embudos para vender a precios bajos.

El embudo más sencillo del mundo.

En mi empresa hemos creado un embudo de solo 3 pasos:

- Carta de ayuda
- Formulario de ayuda
- Agenda para llamada de ayuda

Y hemos creado un software "kick ass" para ello.

El único software en el mundo para venta de consultoría.

¿Su nombre?

Agenda Cita

Es el software que estoy utilizando ahora mismo.

Tiene los 3 pasos integrados, una carta de ayuda:

http://heliosaki.agendacita.com/maestria-online/

Un formulario de ayuda:

http://heliosaki.agendacita.com/aplica/

Y una agenda para llamada de ayuda:

http://heliosaki.agendacita.com/calendar/

Agenda Cita además permite hacer páginas de captura:

http://heliosaki.agendacita.com/live/

Páginas de video:

http://heliosaki.agendacita.com/tatiana-una-master-ami/

Páginas de Webinars:

http://heliosaki.agendacita.com/webinario/

Y mil y un tipos de páginas más.

Además, recientemente hicimos una actualización masiva de agenda cita y le agregamos 8 características nuevas (les llamamos esteroides).

1. Páginas puente: Permite agregar "páginas puente" de alta calidad con videos.

2. Formularios dinámicos de alta conversión: Permite agregar formularios de micro compromisos que duplicarán tus conversiones.

3. Formularios ninja: Permite suscribir a las personas en diferentes campañas dependiendo lo que contesten en las encuestas

4. Plantillas de alta conversión: Estas páginas le dan una mejor apariencia a tus páginas de Agenda Cita

5. Minisite: Te permite tener un sitio completo de alta conversión

6. Upsell Ninja: Te permitirá crear todos los mini embudos de ventas que quieras

7. Chat en vivo: Permite interactuar con tus visitantes

8. Promoción de productos de ClickBank: Podrás insertar links de afiliado o directo al procesador de pago de ClickBank con tu id de afiliado de ClickBank.

Si compras Agenda Cita desde este libro, recibirás además estos increíbles bonos:

- **Lucy: la máquina de dinero**. "El paso a paso detrás del mes de 68,000 dólares". Documente paso a paso todo lo que hice el mes que generé 68,000 dólares,

tendrás el Webinar donde explico paso a paso como lo hice para que tú lo puedas hacer también.
- **Libro "Ventas de Alto Valor"**: En este libro profundizo sobre las ventas de alto valor, es el compañero ideal para esta lección.

- Acceso a mi programa exclusivo de afiliados: Sólo las personas que asisten a nuestros entrenamientos pueden promover nuestros talleres y coachings en línea (coachings de alto valor), esta vez haré una excepción y te permitiré ser parte de nuestro programa de afiliados. Podrás practicar libre de riesgos el sistema de ventas de alto valor, promocionando nuestros productos. Todos los meses hay algo que promover.

Adquiere Todos Estos Esteroides por solo USD $ ~~197~~ USD $ 97

Click en http://112.helio017.pay.clickbank.net/ para Comprar AgendaCita Con Esteroides.

Lección # 4: Los Eventos Presenciales

Continuamos con el Plan de Juego de Heliosaki 2016. En qué enfocarse este 2016.

La siguiente lección es:

Los Eventos Presenciales

Sí, es momento de que te "desvirtualices" y comiences a hacer eventos en persona.

Hay tres caminos a tomar.

- *Eventos Gratis (y monetizar en el taller)*
- *Eventos de Alto costo (sin importar si monetizas o no)*
- *Eventos Híbridos (gratis y alto costo)*

Gratis o muy bajo costo:

Es el sistema que utilizan mis amigos de Millonarios en Internet

Realizan un evento gratuito y en él hacen la oferta para un entrenamiento de paga de bajo costo, digamos de 297 dólares.

La conversión de sus eventos es "monstruosa".

Alrededor de 25% de los asistentes toman el entrenamiento de paga.

En el evento de paga ofrecen una franquicia de un precio mayor.

Aquí otra vez la conversión es igual de elevada y aproximadamente el 25% también toma la franquicia de "alto precio".

La clave de este tipo de eventos es que se llenan los cupos con una simple campaña de generación de prospectos en Facebook.

Con una inversión realmente baja, entre 100 a 200 dólares para llenar un salón de 100 personas.

En definitiva, algo para enfocarse en el 2016.

Eventos de "Alto Costo"

El ticket puede variar entre 297 a 1997 dólares.

Si recuerdas, en el capítulo anterior te enseñé el sistema para vender a altos precios.

Ese sistema puede ser utilizado para vender eventos presenciales de alto costo.

En el Movimiento AMI, tuvimos 9 eventos presenciales en 1 año, donde pasaron más de 2,400 personas.

Rompimos todos los récords de ventas y creamos todo un movimiento que generó incluso personas que hicieran sus propios eventos presenciales.

Eventos Híbridos

Mis amigos de "Los Maestros de Internet" organizan un evento presencial cada año con 300 a 400 asistentes.

Su modelo es el que denomino eventos híbridos.

Muchos llegan ahí gratis, como bono por haber comprado en uno de los lanzamientos que realizan en el año, o como bono por haber comprado un producto que promovieron como afiliados.

Otros pagan cuotas bajas a elevadas (sus entradas VIP llegan a 997 dólares).

Algo mágico que hay que aprenderles es la forma en que realizan Ventas de alto valor en dichos eventos.

Logran crear una esquizofrenia de ventas entre los asistentes llegando a recaudar hasta medio millón de dólares en sus eventos.

Ahí tienes la combinación gratis a medio valor a alto valor con monetización en el evento.

Los eventos presenciales son pues, en resumen, un negocio muy lucrativo que casi nadie más está haciendo allá afuera.

Millonarios en Internet, Los Maestros de Internet, Movimiento AMI, y algunos otros coaches que trabajan por solos pero realizan eventos muy pequeños.

¿Que necesitas para esto?

En definitiva, aprender a vender y/o aprender a llevar personas con campañas de publicidad en Facebook.

Aprender a vender a altos precios si usas el modelo híbrido y de alto valor:

Es muy importante que comprendas que este debe ser tu enfoque, y no organizar el evento.

Las personas se confunden fácilmente con esto y piensan que la habilidad que hay que desarrollar es la de organizar el evento.

El año pasado tuvimos 3 eventos en Colombia, 2 en julio y uno más en noviembre.

Ninguno de esos eventos requirió de nuestras habilidades de organización, requirió de nuestras habilidades de venta. Una persona que contratamos desde México organizó los 3 eventos en excelencia y listo.

De habernos enfocado en organizar el evento y no en venderlo no hubiera habido evento.

Sin ventas no hay eventos, *punto*.

La organización puede ser subcontratada a personas que se dedican a ello, la habilidad que requieres es la de vender los cupos.

Puedes hacer ventas con las siguientes estrategias.
- Organizando eventos gratuitos: Lo que mencioné líneas arriba, eventos que organices para vender ahí tu evento.
- Siendo invitado como conferencista a eventos: Das contenido de valor y al final ofreces tus eventos presenciales.
- Webinars gratuitos: (algo en que enfocarse en el 2016) Donde des contenido de valor y al final ofrezcas tu evento.
- Mediante un lanzamiento: Haciendo una serie de videos para crear expectación y al final un video de ventas. Puedes utilizar este software.
- Entrevistas por Skype o teléfono (utilizando el sistema de ventas de alto valor).

Ahí lo tienes.

Los eventos presenciales es algo en que enfocarse en el 2016.

Prométeme que lo harás.

Lección # 5: Los Shows en Internet

Es algo que sé que explotará este 2016. Se está creando la tendencia, poco a poco marketeros reconocidos lo están haciendo parte de su marketing.

¿A qué me refiero con los "shows" en internet?

Un evento, que se repite de manera cotidiana en algún medio de difusión.

Ejemplo: Las Llamadas de Poder de tu servidor Heliosaki.

Fue algo que inicié en mayo de este año.

Las "Llamadas de Poder" son Webinars diarios para empoderar y vender nuestro movimiento AMI.

Aquí puedes ver una de ellas:

http://heliosaki.agendacita.com/hangout/

Recientemente otros marketeros se sumaron a este tipo de shows.

Russell Brunson comenzó con "Marketing In Your Car", un podcast que graba Russell Brunson todos los días en el camino al trabajo.

Y al llegar a su casa después del trabajo: "Marketing Quickies", un tip de marketing de 5 minutos a través de Periscope.

Mi amigo Gabriel Blanco comenzó recientemente su show de podcast "Vivir con Éxito".

Gabriel Blanco / Cómo Vencer el Miedo / Vivir con Éxito (3)

Bienvenido a este nuevo programa "Vivir con éxito", donde cada día encontrarás valiosa información y herramientas para que puedas CUMPLIR TUS METAS sean las que sea, ¿estás list@?...
Hoy aprenderemos a VENDER EL MIEDO, ese miedo que nos paraliza a todos cuando estamos de inicio...

Y poco a poco verás en el 2016 a decenas de marketeros utilizando distintos medios para hacer sus shows diarios.

En la actualidad tengo 8 shows de este tipo que ocurren día con día.

Utilizando diversas plataformas como YouTube (Manejando con Heliosaki, Pedaleando con Heliosaki), WhatsApp (Whatsappsakis), Periscope (Periscopesakis), HangOut (llamadas de poder, hacksaki show) y otros.

La fórmula para los show por internet.

Paso 1. Elige una plataforma:

Puedes sorprender con algunas nuevas como Blab, Periscope, Facebook Mentions.

https://blab.im/

https://www.periscope.tv/

https://www.facebook.com/about/mentions/

Paso 2. Define el tema y la periodicidad de tu show:

Lo que sea que definas, se CONSISTENTE y cumple con ello. Esto determinará el éxito o fracaso de tu Show.

Paso 3. Da contenido de valor y al final vendes:

El show te dará posicionamiento y te hará estar "top on Mind", (en la mente de las personas), pero aún así puedes monetizar el show vendiendo indirectamente en tu show.

Hazlo al final después de haber dado valor masivo.

Ahí lo tienes, los shows es algo que en definitiva revolucionará el 2016.

La pregunta es, ¿harás el tuyo?

Prométeme que lo harás.

Lección # 6: Los Webinars

Es algo que ha funcionado en el pasado, y <u>continuará funcionando este 2016.</u>

¿Porque Webinars? quizás te estés preguntando.

Porque es un evento "en vivo".

Porque se crea prueba social.

Porque es lo más cercano a una presentación en vivo.

Puedes dar contenido de valor, y al final vender.

Y tener conversiones mucho más elevadas que con email marketing o cartas de ventas.

Puedes manejar objeciones en vivo, crear bonos de acción rápida y crear esquizofrenia de ventas, en vivo.

¿Qué tipo de Webinars pueden hacerse?

Hay de 3 tipos:

[+] Webinars En vivo

[+] Webinars Automatizados

[+] Webinars Híbridos

Webinars En vivo

Mis llamadas de poder y el "Hacksaki Show" son Webinars que ocurren en vivo.

En el capítulo anterior te mencioné las llamadas de poder.

El Hacksaki Show es otra bestia distinta.

Consiste en dar contenido de valor, y al final vender un "hack", un software.

En realidad puede ser cualquier Infoproducto, mío o de otros (de afiliado).

Lo puedes hacer para afiliar personas a tu oportunidad de mercadeo en red.

Para vender cualquier cosa, solo asegúrate de seguir la fórmula ancestral de Heliosaki, la formulasaki, "da contenido de valor y al final vendes".

Webinars Automatizados

Los Webinars automatizados son Webinars que **no requieren de tu presencia.**

Son Webinars grabados que ocurren automáticamente por internet.

Solo subes una grabación, programas el software, y se harán todas las presentaciones que sean necesarias.

Recientemente Mike Filsaime y Andy Jenkins sacaron al mercado EverWebinar<<

Lo que hace EverWebinar es que te permite hacer Webinars automatizados que simulan a detalle un Webinar real.

Grabas un Webinar una vez y "voila", puedes irte a disfrutar de la vida y dejar tu máquina de dinero trabajando 24/7.

Al comprar EverWebinar puedes llevarte también WebinarJam, con el que podrás hacer Webinars en vivo, e importar estos Webinars a EverWebinar.

Una opción más económica a EverWebinar, aunque no tan espectacular es Webinar Fusion Pro<<

Adquiérelo solo si tu presupuesto es limitado.

Muchas personas podrían creer que en realidad es en vivo gracias a estos poderosos softwares.

Pero hay algo mejor, continúa leyendo.

Webinars Híbridos

Tu amigo Heliosaki hace todo posible para ti

Los webinars en vivo consisten en presentarte al inicio del webinar para crear la prueba de que es en vivo, crear expectación de lo que verán y prueba social de que el contenido que verán será valuable.

Después simplemente les pones una grabación, utilizando las características de EverWebinar, y al final...

¡Te muestras nuevamente en vivo!

Solo asegúrate que la grabación que les pongas sea de un power point o de utilizar la misma playera, fondo y corte de cabello

De otra forma se darían cuenta.

El último mes estuve dando Webinars de este tipo.

Solo me presentaba 10 minutos al inicio, y 10-15 minutos al final para contestar preguntas y manejar objeciones.

Si el día de hoy compras alguna de mis recomendaciones te daré acceso a un entrenamiento donde te explico cómo hacer Webinars híbridos.

Y cómo hacer tus presentaciones vendedoras, te daré incluso acceso a un power point con la presentación que utilizo para que simplemente lo edites.

Algunos tips mas para estos Webinars que nadie más está haciendo allá afuera.

Antes del Webinar:

1. Pon una oferta auto liquidable después del registro. Como te expliqué en el capítulo 1.

Envíales vídeos o correos de "adoctrinamiento" previo a tu Webinar.

Adoctrinamiento: prácticas educativas y de propaganda encaminadas a inculcar determinados valores o formas de pensar en los sujetos a los que van dirigidas.

Esta práctica creara deseo y anticipación para asegurar una tasa de presencia más elevada.

Después del Webinar:

Envíales videos/correos para el manejo de objeciones y que compren tu oferta.

Coloca un contador para que tomen acción, y cierra tu oferta y los bonos en caso de que no tomen acción en el tiempo indicado.

Ahí lo tienes, se trata un negocio lucrativo.

¿Lo llevarás a cabo?

Es algo que ha funcionado en el pasado, y <u>continuará funcionando este 2016</u>.

Lección # 7: Página de Fans Productiva

La estrategia consiste en crecer una página de fans y monetizar mediante email marketing (algo en lo que te debes enfocar el 2016 también).

Te dejo con una visión de pájaro de la estrategia:

Por cierto la estrategia para generar tráfico es por medio de imágenes.

¿Te sorprende que sea con imágenes?

Las imágenes funciona mucho mejor que cualquier otra cosa.

Links/texto/videos/lo que sea.

La lección de hoy es patrocinada por nuestro maestro en tráfico con Facebook.

Sebastián Foliaco.

Sebastián es el dueño y administrador de la página de fans Tips Financieros:

https://www.facebook.com/pages/TIPS-FINANCIEROS/176210259565?fref=ts

Hace un trabajo espectacular con esa página de fans.

En una palabra, **Tráfico a voluntad.**

Pregunta: ¿Cuál es la mejor forma de tráfico?

Respuesta: La que puedes tener a voluntad

Y es lo que hace mi amigo Sebastián.

Sebastián lleva **hordas** de tráfico web a cualquier sitio que quiera con solo subir imágenes virales.

¿1,000 visitantes en 1 día?

Es pan comido para Sebastián.

¿500 visitantes en un par de horas?

También lo ha logrado.

Imagina que simplemente vas a Facebook, subes unas cuantas imágenes y comienzas a recibir suscriptores.

Sebastián recibe entre 200-300 suscriptores diarios gratis en su sitio web.

Vuelve a leer lo anterior.

Quizás pensaras

Pero eso es lo que logra Sebastián con una página de fans de 240 mil personas, que hay de mí.

Lo mismo le dije en una ocasión.

Sebastián, tú tienes 40 mil fans (esos tenía hace 1 año), yo solo tengo 500 como puedo hacer lo mismo que tú.

"Solo comienza"

Siguiendo sus indicaciones

Ahora tengo más de 13 mil fans:

https://www.facebook.com/heliolaguna

Y recibo de 30-50 suscriptores diarios, algunos días hasta 100 de ellos.

Pero basta ya de preámbulos.

Te dejo con la lección del experto, con Sebastián.

Hola Helio y amigos.

Esto de compartir imágenes es bien sencillo.

Pero tienen resultados realmente buenos.

En mi Facebook he tenido imágenes que me han traído más de 1,000 nuevos fans a mi página, si así como lo oyes.

Pero bueno te voy a contar cómo lo hago.

Lo primero son las frases, el mensaje que quiero transmitir.

¿De dónde las saco?, fácil de libros, leo mucho y las frases o enseñanzas que me gustan las publico.

También puedes conseguirlas en Google, busca por ejemplo "frases de motivación" y veras la cantidad de resultados.

Escojo las mejores frases o las que puedo usar para transmitir un mensaje, por ejemplo.

Con esta imagen compartí el siguiente mensaje: **Necesitas generar ingresos extras, mira el vídeo, http://t.co/o8n7x8RL**, atrévete a probar algo diferente.

Bueno ahora las imágenes.

Algunas de estas imágenes ya las encuentras hechas en algún sitio web.

Pero la gran mayoría lo que hago es lo siguiente: Voy a Google y busco el personaje, o la palabra, o un paisaje, etc., lo que sea que quiera buscar.

Le doy en buscar imágenes y selecciono las que me gustan.

Luego editarlas, pero no te asustes esto es bien fácil.

Normalmente uso este sitio web para poner las frases sobre las imágenes: *http://fotoflexer.com/*

Es muy sencillo de usar. Subo la imagen, y la decoro o le pongo el texto que quiero. La guardo en mi equipo, y la comparto en las redes sociales. Lo que te puedo contar es que es mucho mayor el número de likes en las imágenes que en los solo textos.

Mira otro ejemplo:

Esta imagen recibió 374 Likes y fue compartida 482 veces, lo que significa que 482 personas la pusieron en su muro para que sus amigos la vieran.

Ese es el poder de compartir imágenes.

Lo que resta es creatividad.

Bueno espero que este sencillo aporte sobre compartir imágenes te sea de gran ayuda para viralizar tus publicaciones en Facebook.

Saludos

Sebastián

Ahí lo tienes, Sebastián lleva tráfico a voluntad a cualquier sitio web apalancándose de imágenes virales.

Eso le ha permitido ser el número 2 en los últimos lanzamientos del mercado hispano.

Lo increíble del caso es que el tercer lugar fue Hyenuk Chu, quien aplicó la estrategia de Sebastián apenas hace un año.

Esto puedes lograr siguiendo esta estrategia, es algo que seguiré apalancando en el 2016.

Ahora tengo una recomendación para ti.

Hacer imágenes y subirlas a Facebook puede ser algo intimidante.

En especial cuando sepas cuantas se requieren todos los días.

Esta fue la razón por la cual no implemente esta estrategia durante 2 años completos.

La solución es "robar las imágenes".

Para eso, recientemente descubrí un software que permite hacer precisamente eso.

Su nombre: **Social Kickstart**

Te permite encontrar las imágenes que mejores resultados tienen en Facebook y simplemente tomarlas, personalizarlas con tus propios links o palabras (editarlas incluso) con su interface sencilla, y postearlas o programarlas en Facebook.

5 minutos de mi tiempo al día me permiten implementar la estrategia completa de Sebastián.

Ahora el bonosaki si compras **Social Kickstart**

Te daré acceso a un coaching de implementación rápida donde te enseñare la estrategia completa de monetización en Facebook.

Te daré además acceso a tutoriales de uso en español de **Social Kickstart**

Acceso a mi programa "Tráfico con Facebook", donde te enseño cómo automatizar totalmente la estrategia, para que "corra" en automático y puedas disfrutar de la vida.

Y a los primeros 5 compradores, les daré la estrategia "marketing gorila", la estrategia que utilizo para tener prospectos ilimitados en Facebook a un costo de 0.02 centavos. <— no es error de dedo, eso estoy pagando por prospecto ultra calificados, a los cuales les estoy vendiendo eventos presenciales de alto valor.

Compra Social Kickstart

http://jvz1.com/c/10354/181294

Lección # 8: Email Marketing

El email marketing aún no ha muerto como dicen muchos.

Ni se ve su muerte cercana.

Algo en lo que voy a continuar enfocado como rayo láser y creo que tú también deberías es en email marketing mi amigo.

La especialidad de la casa.

Dentro de 4 meses cumpliré 3 años completos enviando emails diarios.

Soy el hispano que más tiempo ha estado enviando correos electrónicos diarios.

Delante de mí solo está mi mentor del mercado anglo, quien inició solo 6 meses antes que yo.

Si algún día se detiene (espero que no porque es mi fuente de inspiración), pasaré a ser el número 1 **del planeta**.

Por lo pronto, si puedes confiar en alguien para escribir correos electrónicos que encanten a tus suscriptores y vendan todos los días –*Emailsakis™ se llaman*– es en mí.

El resto de los "especialistas" vienen y van.

Incluso gurús del mercado anglo que han presumido de enviar emails diarios se han detenido.

Y decenas de gurús y "especialistas" de email marketing del mercado hispano llegan, sacan un producto de email, te lo venden en webinarios, con cartas de ventas o con videos de lanzamiento (porque no saben vender con email) y después desaparecen.

Son expertos en email que no envían emails, que locura.

99% de mis ventas son sin una carta de ventas.

Lee lo anterior por favor para que entiendas el poder que puede tener el email marketing.

El poder de vender sin cartas de ventas.

El poder de vender sin lanzamientos, Webinars ni ninguna otra cosa complicada.

El poder de vender con texto plano desde un email a un botón de pago.

Si quieres aprender verdadero email marketing, te invito a ver mi legendario Webinar "**Email Marketing Intensivo**".

El Webinar donde revelo todo lo que se de email marketing.

Regístrate aquí para verlo:

http://app.webinarjam.net/register/21912/30628200cc

Y si quieres tener la maestría total en email marketing compra mi legendario coaching Email Masters:

http://heliosaki.leadpages.co/email-masters/

Incluye el acceso a TODOS mis programas y softwares de email marketing.

En el Coaching Email Masters reuní a los que considero son los verdaderos expertos de email marketing del mercado hispano.

Tip: ninguno de ellos es alguno de los gurús que conoces.

Los verdaderos expertos son:

OA, JD, CJ, JS

Y por supuesto, tu servidor **HL. Helio Laguna "Heliosaki".**

Lección # 9: WhatsApp Marketing

La nueva mina de oro de los negocios por internet es WhatsApp, que además es gratis.

Te cuento cómo la descubrí.

Ciudad de México

28 de marzo de 2015.

Estábamos en el primer día del taller "Libertad Financiera en 2 Días".

Habíamos hecho ya un bloque de ventas con resultados moderados, y venía un segundo bloque de ventas.

Mi cerebro trabajaba a mil por hora planeando como hacer que se destaparan las ventas, y entonces, ¡sucedió!

Una de las personas que estaban sirviendo como Staff, Cosme Romero, se me acercó y me dijo: "***Coach, porque no les dices que vendan por medio de WhatsApp,*** así hice dos ventas para este taller".

Heliosaki:

"***¿WhatsApp dices?***"

"***Cuéntamelo todo***"

15 minutos después, Cosme estaba dando coaching de WhatsApp a los líderes de cada equipo.

La intención, agregar WhatsApp al arsenal de tácticas de marketing.

El resultado fue el taller con más ventas de todos los tiempos.

La imagen dice 217,000 pero el conteo final al filo de la noche registro 256,000 dólares generados en ese taller.

Sin duda WhatsApp fue uno de los responsables de las ventas descomunales que sucedieron.

Ahí comprobé el poder de WhatsApp como medio de difusión.

Y el lunes a primera hora, estaba enviando mi primer Whatsappsaki.

Estoy a días de cumplir 9 meses enviando WhatsApps diarios, "Whatsappsakis".

https://www.youtube.com/watch?v=4KiKMROrBik

Si alguien te puede hablar sobre el tema soy yo.

No sé si sea la persona que lleve más tiempo enviando WhatsApps diarios…

Pero sí, quizás, el que más ha monetizado ese sistema.

Al menos 30,000 dólares he ganado con mis Whatsappsakis.

Y todo con una pequeña lista de difusión de menos de 1,000 personas.

Porque WhatsApp te estarás preguntando...

Esta imagen, tomada hace unos meses, lo resume todo:

	opened	clicked	bounced	complaints
Acceso a EmailTenimiento	1.4k	658	0.1%	0%
Acceso a Temporizador Ninja	1.2k	594	0.1%	0%
Acceso a Email Marketing Intensivo	1.1k	404	0.1%	0%
Acceso GRATUITO al Generador de EmailSakis!	1.7k	590	0.1%	0.01%
Piensa dentro de la caja	1.2k	123	0.1%	0.00%

Envío emails diarios a 10,000 suscriptores, un promedio de 1,200 abren mis Emailsakis™

1,200 personas es un negocio de 5 mil a 10 mil dólares cada mes.

En WhatsApp, <u>95% de las personas ven los mensajes que les envías.</u>

Lo que equivaldría a que con 1,300 "suscriptores" duplicaría mi negocio.

Y eso fue lo que sucedió.

Dupliqué mi negocio gracias a WhatsApp.

Hoy en día es irresistible no abrir un mensaje de WhatsApp.

Puedes dejar mensajes de texto sin abrir por meses, pero un WhatsApp, ni pensarlo.

¿Ha llegado entonces WhatsApp a sustituir el email marketing?

No.

Ha llegado a hacerle compañía.

Ha llegado para duplicar tu negocio como hizo con el mío.

Si tomas acción y lo usas en el 2016.

La estrategia se llama "listas de difusión".

Las listas de difusión de WhatsApp te permiten enviar mensajes masivos a tus contactos.

Con las listas de difusión puedes mandar un mismo mensaje a varias personas sin la necesidad de copiar y pegar el mensaje entre conversaciones y sin necesidad de crear un grupo.

Todas las conversaciones que se envíen a través de los grupos de difusión se muestran en los destinatarios como conversaciones normales, por lo que ninguno de ellos podrá conocer al resto de los usuarios a los que se ha mandado el mensaje.

Para crear una lista de difusión simplemente abre el menú de WhatsApp y seleccionar "Nueva lista de difusión".

Una vez seleccionada nos aparecerá una nueva ventana similar a la siguiente:

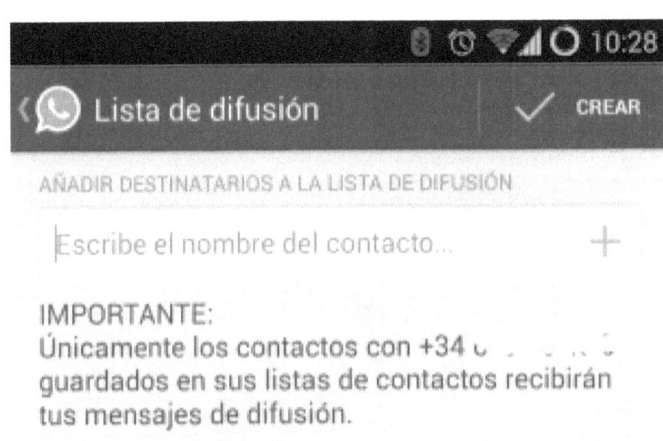

En esta nueva ventana podemos ver un cuadro con un icono con forma de +. Pulsando sobre él nos abrirá nuestra lista de contactos. Debemos seleccionar todos los contactos a los que vamos a mandar el mensaje de difusión creando así una lista que nos aparecerá en esta ventana.

Una vez creada la lista de difusión veremos una ventana similar a la de un grupo de WhatsApp pero con algunas particularidades.

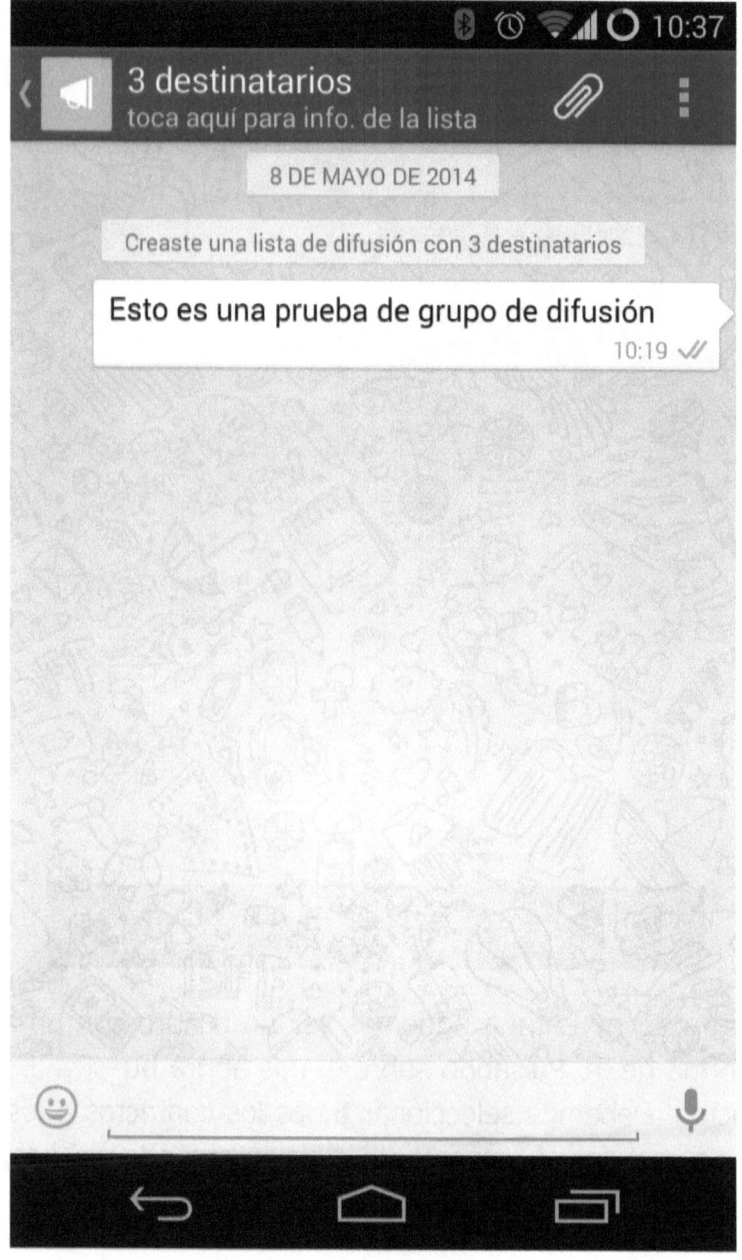

Como podemos ver, el icono de la lista de difusión es un megáfono en lugar de una foto preestablecida.

Tampoco recibiremos en esta ventana respuestas de ningún contacto, sino que cada uno nos contestará en una conversación de WhatsApp individual.

Ahora bien, ¿qué escribirles?, ¿cómo conseguir suscriptores?, ¿cómo vender en esos WhatsApps?

Como te dije, WhatsApp y los emails son hermanos gemelos.

Lo que funciona a la hora de enviar un email y crear una lista de suscriptores funciona para enviar un WhatsApp y crear una lista de suscriptores en WhatsApp.

Mi coaching Email Masters te dará todas las respuestas:

http://heliosaki.leadpages.co/email-masters/

Te dará la maestría total en Email/WhatsApp marketing.

Hagamos algo dinámico para que seas parte de mi legendario programa.

Y comiences a implementar 2 fuentes de ingreso este 2016 sin riesgo alguno, email marketing y WhatsApp marketing.

Ingresa a GRATIS a Email Masters durante 30 días completos.

Después de los 30 días comenzarán los cargos, un cargo de 97 dólares cada mes durante sólo 3 meses.

Tu membresía incluye el acceso a TODOS mis programas y softwares de email marketing.

Son 12 programas y softwares de email marketing:

EmailTenimiento: Te enseñara a enviar emails que vendan y encanten a tus suscriptores.

Email Marketing Acelerado: Aprende verdadero email marketing, no spam marketing.

El Negocio de 4 Horas: El código para mantener un negocio exitoso "trabajando" solo 4 horas.

Email Ninja: Te permitirá copiar a tus suscriptores con un clic.

Co-registro Ninja: te permitirá registrar a un suscriptor hasta en 5 listas o auto respondedores distintos.

Temporizador Ninja: te permitirá poner un reloj temporizador en tus correos.

Imágenes Ninja: Te permitirá poner imágenes personalizadas en tus correos.

Formateador de Emails: te permitirá hacer emails "sexys".

Generador de Emailsakis: Te permitirá hacer emailsakis sin esfuerzo.

Los legendarios programas de O. A.:

Contenido Que Hace Ventas (COVE): Sabrás escribir contenido para vender sin vender en tus correos.

Página de Captura Perfecta (PCP): Aprenderás a crear página de captura con tasas de captura fuera de los estándares del mercado.

Secuencias Perpetuas de Email Marketing. (SEPE): Aprenderás a crear secuencias que vendan de manera predecible tus productos o servicios.

Podrás descargarlos TODOS al instante con tu pago de 0.0 (CERO) dólares.

En el Coaching Email Masters reuní a los <u>verdaderos</u> expertos de email marketing del mercado hispano. Te revelo también ahí quiénes son los expertos del mercado anglo. Para que dejes de consumir cursos de falsos expertos.

Llévate Email Masters y todos mis productos de email marketing hoy mismo <u>sin siquiera sacar tu tarjeta de crédito</u>:

<u>http://heliosaki.leadpages.co/email-masters/</u>

Lección # 10: Los Lanzamientos en Internet

Algo que hago "a mi manera", no tanto con videos como hacen muchos, sino con la especialidad de la casa, email marketing.

Sin embargo hace unos años participé en uno de los lanzamientos más grandes del mercado, el lanzamiento de "Central de Negocios", un lanzamiento que generó más de 250 ventas de un programa de 497 dólares.

Y recientemente, en julio de este año hicimos un lanzamiento para nuestro primer evento en el extranjero.

150 personas en presencial y 100 más por streaming nos dieron uno de los ingresos más grandes de todos los tiempos del mercado hispano.

En realidad no importa mucho el medio en que se hagan estos lanzamientos, puede ser como te dije con videos, con correos electrónicos, con artículos en un blog, con pdf´s, audios o softwares.

Lo importante es entregar estos contenidos a lo largo del tiempo, en una serie de "eventos".

Por lo general son 3 los eventos en que se entregan estos contenidos.

Contenido 1.

Contenido 2.

Contenido 3.

Los lanzamientos tienen algo en común.

Es un evento que sucede en determinado tiempo: Pueden ser de 4 días, 7 días, 10 días, tú decides.

Ejemplo de un lanzamiento de 4 días.

Día 1: Contenido 1

Día 2: Contenido 2

Día 3: Contenido 3

Día 4: Venta

Ejemplo de un lanzamiento de 7 días.

Día 1: Contenido 1

Día 3: Contenido 2

Día 5: Contenido 3

Día 7: Venta

Es una conversación con las personas: Debes estar atento a los comentarios y objeciones de las personas durante el lanzamiento y tratarlas en tu lanzamiento.

Es decir, el lanzamiento no es algo "empaquetado" que envíes de forma programada, sino algo que se hace en vivo, considerando las reacciones de la audiencia que está presente en el lanzamiento.

Tienen varios disparadores: Hay disparadores que debes implementar en el lanzamiento para hacerlo realmente un evento único en el tiempo, un "lanzamiento".

Estos son los disparadores más comunes: Autoridad: Esto lo logras entregando contenido de calidad y demostrando que tienes un amplio conocimiento del tema.

Reciprocidad: Esta ley dice que si las personas reciben algo gratuito (contenido de valor) sienten la obligación moral de dar algo de regreso, en este caso, el compromiso de comprar lo que estás vendiendo.

Confianza: Al tener varios acercamientos con tu contenido desarrollas la confianza necesaria para que te compren.

Anticipación: Es uno de los puntos fuertes que se logran con los lanzamientos, este disparador es especialmente efectivo si se combina con el disparador de escasez.

Conexión: Se logra haciéndote alcanzable ante los demás en el momento que estás contestando preguntas, tu historia también puede conectar con ellos.

Eventos: Las personas aman los eventos, si puedes convertir tu marketing en un evento obtendrás grandes resultados.

Comunidad: Si tu cliente se siente parte de una comunidad eso crea una mejor credibilidad.

Escasez: Si algo es raro y difícil de conseguir las personas lo quieren más que si está en abundancia.

Prueba social: Con los lanzamientos puedes conseguirla mediante los comentarios que ocurren en cada contenido.

Cuenta una historia: Utiliza el poder de las historias para comunicar tu mensaje y relacionarlo con el producto que se está lanzando.

Fases del lanzamiento

Pre lanzamiento: Sirve para validar el mercado.

Consiste en hacerle una pregunta o una encuesta a tus suscriptores sobre tu futuro producto.

Sería la respuesta a la pregunta: Cuáles son tus 2 preguntas más importantes acerca de [lo que vaya a resolver tu producto].

O cuál es tu obstáculo más importante para [lo que vaya a resolver tu producto].

La magia aquí está en darles exactamente lo que ellos te piden, lo que hará difícil no comprar algo que hiciste para ellos.

Pre lanzamiento: Sirve para entregar tus contenidos.

Contenido 1:

Contenido 2:

Contenido 3:

Te dejo con un artículo que hice que te enseña cómo hacer los contenidos de lanzamiento.

http://heliosaki.agendacita.com/flp/

Y por último el lanzamiento.

Que es cuando liberas el video o carta de ventas.

Aquí tus contenidos y disparadores ya debieron haber hecho la venta por ti.

Por lo que no requerirás de mucha persuasión.

Ahí lo tienes.

Los lanzamientos en internet son algo que han funcionado desde hace años, no han perdido su efectividad aún y continuarán funcionando en el 2016.

Han funcionado por años y años para lanzar películas y su uso para lanzar productos de información es relativamente nuevo.

Déjame saber si vas a hacer tu lanzamiento o serie de lanzamientos en el 2016.

Heliosaki "Lanzamientos" Laguna

Lección # 11: Escribe Tu Libro

Escribir tu libro es algo en lo que te puedes enfocar en este 2016.

Después de escribir 13 libros Best Sellers en Amazon y uno de editorial, me siento con las credenciales de hablarte de esto.

Hay dos caminos que puedes tomar.

[+] Publicar tu libro con editorial.

[+] Auto publicar tu libro.

Existen mil y un editoriales que les gustaría "echar" a jalar la maquinaria de impresión para fabricar tu libro.

Sobre todo por el hecho de que el nuevo esquema libre de riesgos para ellos, es que el autor pague por la impresión de los libros.

Así la editorial está encantada de apretar el botón y que gire la maquinaria.

Esa es la razón por la cual ellos también te buscan a ti.

Ya no es solo para ilustrados el estar en librerías.

Es también para quien tenga los recursos y sepa vender.

El mismo Robert Kiyosaki lo pregona todo el tiempo:

"*No soy el mejor escritor de libros, soy el mejor vendedor de libros*".

Y eso es justo lo que necesitas, vender tu libro.

Los libros (como ninguna otra solución incluyendo la cura del VIH o el cáncer) no se venden solos, hay que venderlos.

Entonces la editorial estará doblemente feliz si:

1) imprimes el libro con ellos,

2) les compartes el 70% de las utilidades de las ventas que realices.

El siguiente camino es la auto publicación.

Amazon Kindle Direct Publishing lo ha puesto en bandeja de plata con su plataforma.

Tú mismo puedes subir tu libro y publicarlo con ellos.

Es el esquema que me ha permitido, sin inversión, publicar ya 13 libros en esa plataforma, y hacerlos todos Best Sellers ahí mismo.

La ventaja de este esquema es que aquí puedes ganar hasta el 70% de regalías, justo lo opuesto con las editoriales.

Entonces, ¿cuál camino seguir?

En definitiva, me gusta aprovechar las ventajas y desventajas de una y otra plataforma.

Y es lo que estoy ofreciendo en esta página:

http://heliosaki.agendacita.com/libro/

La oportunidad de hacer un libro éxito en Amazon y librerías conmigo.

Aún queda un cupo para esa oportunidad.

Regresemos a las razones por las cuales escribir tu libro.

La primera es más que obvia:

Dinero por las ventas del libro.

Olvídate por el momento de Kiyosaki y su millón de copias vendidas cada que saca un libro.

Que tal lo que hace mi amigo Dani Tirado, 3 a 4 ventas diarias de un libro de 20 dólares.

¿Harían esos ingresos una diferencia en tu vida?

La segunda:

Ingresos por el branding de ser un autor de libros.

Mi amigo y socio Mario Corona menciona que si tu libro no te da al menos 5 fuentes de ingresos distintas no lo estas rentabilizando como deberías.

Entonces, escribe el libro y crea Infoproductos y programas traseros promovidos por tu propio libro.

Las ganancias masivas se obtienen también cuando tienes múltiples libros:

Aquí las ganancias de una persona que tiene 17 libros publicados con Amazon:

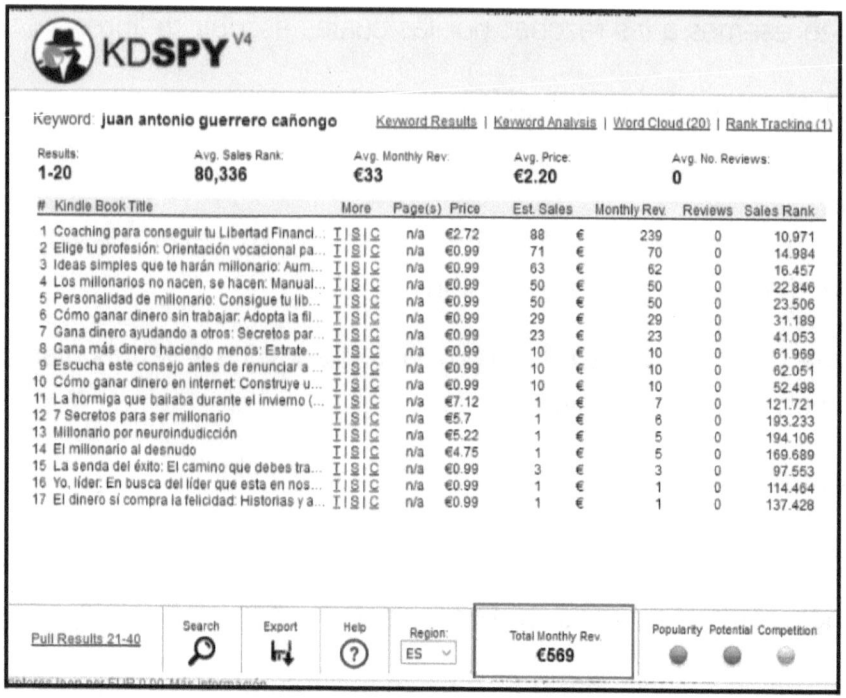

Y aquí las de tu servidor Heliosaki 3 veces más con menos ejemplares incluso:

¿Qué aprendiste en este capítulo?

Que escribir un libro es lucrativo y es algo en lo que te puedes enfocar en este 2016.

Heliosaki "escribe tu libro" Laguna

Lección # 12: Crea Tu Propio Infoproducto

Esto es algo "evergreen", crear tu propio producto de información es algo que nunca pasará de moda.

Es algo muy redituable, y en definitiva algo en lo que te debes enfocar en este 2016.

La pregunta es... ¿cómo iniciar?

Por años llevo un sistema de creación de productos que me permite disfrutar de la vida.

Que me permite lograr que me paguen por crear el producto.

Que me permite hacer productos solo si tienen una demanda real.

En un capítulo anterior te hablé de los lanzamientos en internet:

Mi estrategia es precisamente lo que denomino **"Lanzamientos a la velocidad de la luz"**.

Son varias las fases para estos lanzamientos.

La primera es: Pre validar el mercado.

Consiste en hacer entrevistas o encuestas para saber cómo diseñar el producto.

Es tan sencillo como enviar una encuesta a tu lista de suscriptores, si tienes una, o hacer una publicación en

Facebook avisando que requieres "beta testers" para tu nuevo Infoproducto.

Las personas responderán a tu publicación como moscas a la miel.

Una vez que tengas respuestas los llevas a una llamada por Skype donde les haces preguntas sobre los mayores obstáculos que tienen con el tema que resolverá tu producto.

En esta fase estas diseñando el producto ideal, el producto que resuelve lo que quieren las personas.

Si recuerdas, esta es la estrategia que se utiliza en la denominada fase de pre lanzamiento de la estrategia de lanzamientos.

En mi estrategia, eso no es suficiente para saber si un producto tendrá o no éxito, hay que testearlo realmente, y la única forma de probar si algo se venderá es... adivina, **vendiéndolo**.

Fase 2: Lanzamiento.

Consiste simplemente en vender el producto para ver si hay una demanda real por él.

Puede ser tan sencillo como enviar una serie de correos vendiendo lo que traes entre manos.

Para esto tienes que tener la estrategia de enviar emailsakis, emails diarios que entretienen y venden todo el tiempo.

Así simplemente un lunes hablas de un tema y al final vendes tu producto.

O puedes hacer un pequeño lanzamiento con 3 correos de contenido que creen anticipación y un cuarto correo de ventas.

Y a partir de ahí, más correos de ventas hasta completar 2 semanas de correos.

Una vez cumplidas estas dos semanas es momento de evaluar los resultados.

Suficientes ingresos para ti, que hagan sentido tomarse la molestia de crear el producto y lo creas.

Ingresos que no hagan sentido para ti y declinas en crear el producto.

Reembolsas o les ofreces otro producto de lo doble de valor por su inversión.

Lo importante es que ya probaste la oferta, sin invertir un solo minuto en la creación de tu producto, en la creación de cartas de ventas, en la creación de un lanzamiento.

Nadie está haciendo esto en el mercado hispano.

Fase 3: Entregar y seguir vendiendo.

En esta fase sigues vendiendo tu producto mediante emails diarios y comienzas con la entrega.

Por años estuve entregando productos por medio de emails.

Mi flujo era entonces un correo para vender (un emailsaki) seguido por mi lección de contenido del producto que ya había vendido.

Si esto te atemoriza hasta los huesos puedes hacer lo que hice en el lanzamiento de "Embudo Ninja", un Infoproducto que vendí hace años.

Hice las ventas siguiendo esta estrategia, enviando emails durante 2 semanas, y el fin de semana de la segunda semana grabe todos los videos.

4 horas la noche del sábado y 4 horas en la mañana del domingo.

Mi familia ni siquiera lo notó.

Ahí lo tienes.

Es un mundo de diferencia el crear un Infoproducto sin ingresos, dedicarle días o meses al asunto para después enterarte que nadie quiere ese producto al escenario Heliosaki:

Crear el Infoproducto sobre la marcha o en un fin de semana ya con 5,000 dólares descansando en tu cuenta de banco.

Tú eliges el camino.

Conclusión

Hemos llegado al término del Plan de Juego de Heliosaki 2016.

Espero que hayas disfrutado este libro tanto como disfrute el hacerlo para ti.

Es momento de tomar a un grupo de 20 emprendedores de la mano a hacer realidad cada una de estas 12 estrategias para ganar dinero.

Lo que haré será un coaching donde semana a semana durante 4 meses implementaremos cada uno de los temas hasta su resultado final.

Es decir, en el tema del libro el resultado final es escribir el libro y ser Best Sellers.

En el tema de venta de consultoría es crear tu programa de consultoría y no detenernos hasta lograr tu primera venta de alto valor.

En el tema tratado el día de hoy es hacer tu primer lanzamiento exitoso a la velocidad de la luz.

Y así para los 12 temas vistos.

Te daré acceso a todas las herramientas para implementar todos los temas.

Y los harás gracias a mi capacidad "sobrenatural" de lograr resultados Si o Si en todo lo que me propongo.

Este no será un producto de alto valor.

Aunque es el coaching más grande y ambicioso que he diseñado, esta te aseguro dentro de tu rango de posibilidades.

Además hay un plan de pagos.

Estuve vendiendo este programa por medio una campaña de publicidad y logre 10 ventas.

Sin una carta de ventas.

Sin correos electrónicos.

Sin hacer llamadas de ventas.

Simplemente mediante chat (también te enseñaré eso ;)

Así que quedan 10 lugares disponibles que volarían en media hora si publico la oferta en cualquiera de los grupos de nuestros talleres pasados.

Pero esta vez quiero personas nuevas, personas que no han podido asistir a nuestros talleres o coaching en línea.

Este programa es para ti si eres alguien con ese perfil.

Si sientes que te gustaría implementar en este 2016 junto conmigo, las 12 estrategias para ganar dinero por internet que te he mostrado, agenda una entrevista conmigo en esta dirección.

http://heliosaki.agendacita.com/calendar/

Espero sinceramente que tomes acción con este Plan de Juego, y que el 2016 sea el año de tu éxito y resultados masivos.

Por tu Éxito.

Helio Laguna.

www.ingramcontent.com/pod-product-compliance
Lightning Source LLC
Chambersburg PA
CBHW021005180526
45163CB00005B/1900